CLUB-TASCHENBUCHREIHE

Band 50

LENE MAYER-SKUMANZ

...WEIL SIE MICH NICHT LASSEN
15 TINOGESCHICHTEN

Illustriert von Sepp Treiber

OBELISK VERLAG, INNSBRUCK
VERLAG ST. GABRIEL, MÖDLING

Gemeinschaftsproduktion der Club-Taschenbuchreihe:
Obelisk Verlag, Innsbruck, und Verlag St. Gabriel, Mödling
ISBN 3-85264-218-3
Genehmigte Lizenzausgabe für Österreich

© by Herder, Wien, 1977
Druck: Druckerei St. Gabriel, 2340 Mödling
Printed in Austria 1984

Was ist eine Tinogeschichte?

Eine Tinogeschichte ist für die ganze Familie geschrieben
... für Kinder, die staunen können und nachdenken sollen
... für Eltern, die nachdenken müssen und schmunzeln dürfen
... für Großeltern, die schmunzeln wollen und wieder staunen können

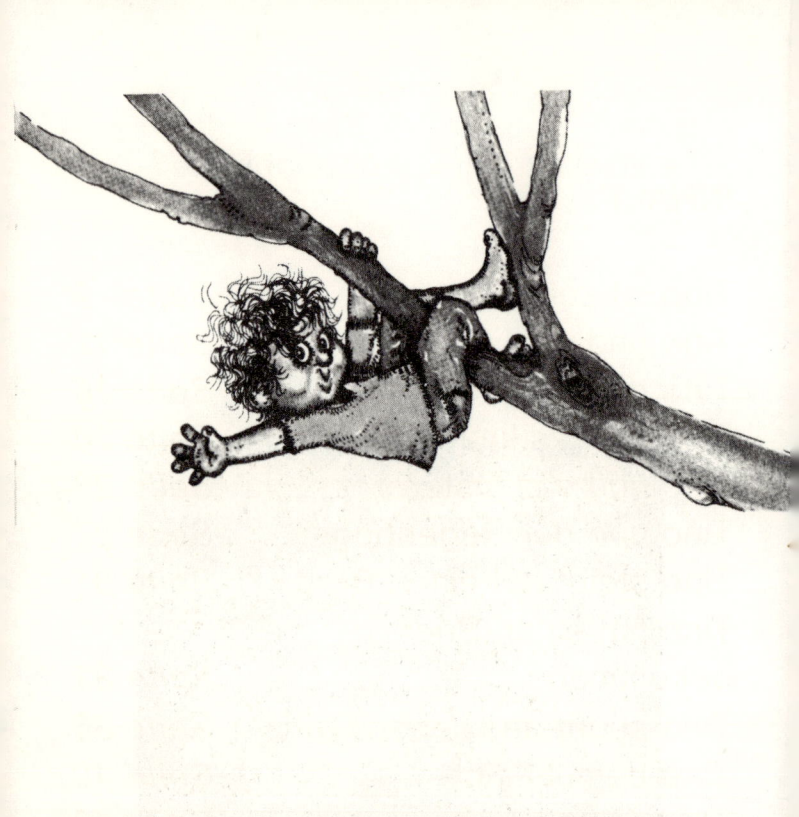

INHALT

Tino ist schon groß	*Seite 9*
Tino und die Liebe	*Seite 12*
Tino denkt nach	*Seite 16*
Tino hört es knacksen	*Seite 20*
Tino und das Osterei	*Seite 23*
Tino und der Regenbogen	*Seite 27*
Tino steigt auf einen Berg	*Seite 31*
Tino hat einen Brief bekommen	*Seite 33*
Tino sucht den lieben Gott	*Seite 36*
Tino bemüht sich	*Seite 40*
Tino schaut weg	*Seite 43*
Tino tut der Garten leid	*Seite 47*
Tino findet einen Bilderrahmen	*Seite 51*
Tino und der Nikolo	*Seite 53*
Tino und das Telefon	*Seite 56*

TINO IST SCHON GROSS

Tino sagt:
„Ich bin schon groß.
Ich will keine Kinderschuhe
mehr tragen."

Tino zieht seine Schuhe aus.
Er schlüpft
in die Hausschuhe des Vaters.
Die Hausschuhe sind wie Boote,
und Tinos Beine sind die Masten drin.
Tino schlappt über das Teppichmeer.
Vaters Schuhe sind schön,
aber leider zu groß für Tino.

Tino schlüpft
in die Pantoffeln seiner Mutter.

Die Pantoffeln sind weich
wie ein Nest,
und Tinos Füße sind die Vögel drin.
Die Pantoffeln sind sehr schön,
aber leider zu groß für Tino.

Tino schlüpft
in die Stiefel seines Bruders.
Die Stiefel reichen Tino
bis übers Knie.
Tino ist ein Fernsehturm
mit steifen Beinen.
Er steht auf einem Berg
und funkt bunte Bilder in die Welt.
Die Stiefel sind wunderschön,
aber leider zu groß für Tino.

Tino sagt:
„Aber Kinderschuhe sind nichts
für einen großen Buben."
Und Tino geht barfuß.

TINO UND DIE LIEBE

Tina sagt:
„Ich hab' dich lieb, Tino."
Tino freut sich.

Tina sagt:
„Den großen Toni aus dem
Neunerhaus
hab' ich auch lieb.
Und den Dackel der Milchfrau
hab' ich lieb.
Meinen Bommelwurstel
hab' ich lieb.
Die Maikäfer hab' ich lieb.
Meine blauen Socken hab' ich lieb.
Meinen Großvater hab' ich lieb.
Meine Flöte hab' ich lieb."

Tino weiß nicht,
was er darauf sagen soll.
Ganz still geht er fort.
Er geht die Straße hinunter.
Er sieht den Dackel der Milchfrau.

Tino bückt sich
und streichelt den Dackel.

„Dackel", sagt Tino,
„du darfst nicht traurig sein,
weil Tina nicht nur dich lieb hat.
Du mußt dir denken:
Wenn Tina nur einen allein
lieb hätte,
gingen die anderen leer aus."

Der Dackel wedelt mit dem Schwanz.

„Ich bin froh,
daß du das verstehst", sagt Tino.
„Nur gescheite Dackel
verstehen das."

TINO DENKT NACH

Tino sitzt im Garten
und denkt nach.
Er denkt daran, wer er wäre,
wenn er nicht er selber wäre.

Tino sieht den Rauchfangkehrer
auf der Straße vorübergehen.
Der Rauchfangkehrer
winkt über den Zaun.
Sein Gesicht ist schwarz von Ruß.
Seine Hände sind schwarz.
Sogar sein Hals ist schwarz.
Der Rauchfangkehrer gefällt Tino.
„Der könnte ich sein", denkt er.

Tino sieht eine Libelle
durch die Luft sausen.
Sie surrt
wie ein kleiner Hubschrauber.
Ihre Flügel glänzen in der Sonne.
Die Libelle gefällt Tino.
„Die könnte ich sein", denkt er.

Tino sieht einen kleinen Vogel,
der einen Wurm aus der Erde zieht.
Ein größerer Vogel
mit schwarzen Federn
und gelbem Schnabel
fliegt herbei.
Er drängt den kleinen Vogel
auf die Seite,
pickt den Wurm auf
und fliegt davon.

Der kleine Vogel
schüttelt seine Flügel.
Er hüpft durch das Gras
und sucht einen neuen Wurm,
aber er findet keinen.

Tino denkt:
„Der große Vogel könnte ich sein.
Ich hätte aber auch
der kleine Vogel sein können,
dem man den Wurm
weggenommen hat."

Tino denkt weiter. Tino sagt:
„Ich hätte auch der Wurm
sein können."
Und Tino ist sehr froh,
daß er er selber ist.

TINO HÖRT ES KNACKSEN

Tino liegt im Bett.
Tino möchte einschlafen.
Es knackst.
Tino setzt sich auf und horcht.

Jetzt knackst es wieder.
Es knackst unter dem Bett.
Es knackst unter dem Kasten.
Es knackst über den Fußboden
hin und her.

Tino bekommt kalte Hände.

Tino will rufen,
aber auf einmal
hat er keine Stimme mehr.

Es knackst rund um Tinos Bett,
einmal dort und einmal da.

Tino springt aus dem Bett
und holt eine Zeitung.
Er raschelt mit der Zeitung —
er raschelt noch einmal.
Tino horcht.

„Es hat zu knacksen aufgehört",
sagt Tino.
„Es fürchtet sich."

TINO UND DAS OSTEREI

Tino nimmt einen Kochtopf.
Er gießt Wasser hinein.
Er stellt den Topf
auf die Kochplatte.
Er legt ein Ei in den Topf.
Er läßt das Ei kochen,
bis es hart ist.

Er schüttet rotes Farbpulver
in das Wasser.
Das Ei wird ein rotes Osterei.

Tino nimmt eine Speckschwarte.
Er reibt das Osterei,
bis es glänzt.

Tino nimmt ein Taschenmesser.

Er kratzt feine, weiße Muster
in die rotgefärbte Schale.

Wellen, Punkte,
kleine Sonnen.
Vögel, die hüpfen,
und Vögel, die fliegen.
Ein Lämmlein mit Ringellocken.
Drei winzige Kücken,
eines davon mit einem Wurm
im Schnabel.
Den Wurm sieht man kaum mehr,
so fein ist er gekratzt.

Tino denkt:
„Vorher war das Ei so klein.
Aber wenn man es verziert,
merkt man erst, wie groß es ist."

Jetzt ist das Osterei fertig.
Tino schenkt es Tina.

Tina schaut das Ei an.
„Schön", sagt Tina.
„Danke", sagt Tina.
Und dann schält sie das Ei
und ißt es auf.

Tino schreit:
„Ich habe dir ein Osterei geschenkt,
und du ißt es auf!"

„Was hätte ich sonst
damit tun sollen?"
fragt Tina.

„Alles", stammelt Tino.
„Nur nicht aufessen."

TINO UND DER REGENBOGEN

Tino sieht einen Regenbogen
über der Wiese.
Tino will unter dem Regenbogen
stehen.
Er will alle Farben
über sich leuchten sehen.
Tino läuft über die Wiese.
Auch der Regenbogen
beginnt zu laufen.
Er läuft vor Tino her.
Tino rennt, was er kann.
Auch der Regenbogen rennt.
Er rennt genau so schnell wie Tino.
Wenn Tino stehen bleibt
und nach Luft schnappt,
bleibt auch der Regenbogen stehen.

Tino wird den Regenbogen
nie einholen.
Regenbogen lassen sich nicht
einholen.
Regenbogen sind immer voraus.

Tino geht nach Hause.
Er nimmt Papier und Buntstifte.
Er zeichnet eine Wiese.
Er zeichnet einen Buben,
der in der Wiese steht.
Er zeichnet einen Regenbogen,
der leuchtet über der Wiese
und über dem Buben.

„So", sagt Tino,
„jetzt *steht* Tino
unter dem Regenbogen."

TINO STEIGT AUF EINEN BERG

Tino steigt auf einen Berg.
Bald ist er auf dem Gipfel.
Der Gipfel ist eine sanfte Kuppe.
Aber auch eine sanfte Kuppe
hat einen höchsten Punkt.
Tino sitzt auf dem höchsten Punkt.
Ringsherum ist es still.
Gelbe Sternblumen wachsen
zu Tinos Füßen.
Eine Eidechse huscht
über einen Stein.

Oben am Himmel kreist
ein dunkler Vogel.
Tino schaut den Berg hinunter.
Weit unten sitzt Tina.
Tina ist winzig klein.
Tina ist nur ein blauer Fleck
im grünen Gras
mit einem bißchen Blond darüber.

Tino geht den Berg hinunter.
Er trifft Tina.
„Hallo, Tino", ruft Tina.
„Spiel mit mir!"

„Du bist nur ein blauer Punkt",
sagt Tino.
„Mit blauen Punkten
spiele ich nicht."

TINO HAT EINEN BRIEF BEKOMMEN

Tino hat einen Brief bekommen.
In dem Brief steht:
„Tino, du bist ein Dummkopf."
Es ist ein böser Brief.

Tino ist traurig.
Er weiß nicht,
was er mit dem Brief machen soll.
Einen lieben Brief
könnte er herzeigen.
Einen lieben Brief
könnte er unter seinen Polster legen.
Auf einen lieben Brief könnte er
eine liebe Antwort schreiben.
Tino weiß nicht,
wohin mit dem bösen Brief.

Der Brief zittert in seiner Hand.
Vielleicht weiß der Brief,
daß er böse ist.
Vielleicht schämt sich der Brief.
Armer Brief!
Er kann doch nichts dafür.

Tino sieht eine Regenlacke.
Weiße Kastanienblüten segeln darin.
Tino faltet den Brief zu einem Schiff.
Er setzt das Briefschiff
zwischen die Kastanienblüten
in die Regenlacke.
Das Schiff schwimmt.
Langsam gleitet es über das Wasser.
Tino sagt: „Brief,
jetzt bist du doch zu etwas gut!"

TINO SUCHT DEN LIEBEN GOTT

Tino liest ein Buch.
In dem Buch steht:
Gott ist überall.
Tino legt das Buch weg
und zieht seine Schuhe an.

Tina fragt:
„Wohin gehst du, Tino?"
„Ich gehe den lieben Gott suchen",
sagt Tino.
„Oh", sagt Tina. „Den lieben Gott
kann man doch nicht sehen."
„Ich werde überall schauen",
sagt Tino.

Tino läuft in den Garten hinaus.

Hier blühen Stiefmütterchen
in einem runden Beet.
Tino steht ganz still und schaut.
Die Stiefmütterchen
haben kleine, freundliche Gesichter.
Keines gleicht dem anderen,
jedes ist schön.
Tino schaut und wartet,
aber er sieht nur Stiefmütterchen.
„Ich werde anderswo weitersuchen",
sagt Tino.

Da rührt sich etwas im Blumenbeet.
Es huscht heimlich hin und her.
Tino beugt sich vor.
Eine kleine Maus schaut
zwischen den Stiefmütterchen hervor.
Ihr Schnurrbart zittert,
ihr braunes Fell schimmert wie Seide.
Tino freut sich.
Die Maus verschwindet im Gras.
An den zarten Graswellen
kann Tino erkennen,
wohin die Maus rennt.
Er rennt ihr nach.
Die Maus huscht
zwischen den Zaunlatten
in den Nachbargarten.
Tino findet eine große Lücke im Zaun
und kriecht durch.

Der Nachbar schneidet Holz.
Mit der einen Hand drückt er
einen dicken Ast auf den Sägebock,
mit der anderen Hand
hält er die Säge.
Aber die Säge ist für zwei gemacht,
nicht für einen.
„Ich hätte schon immer gerne gesägt",
sagt Tino.
„Darf ich mitsägen?"
Später geht Tino nach Hause.
Er ist müde und zufrieden.

„Na", sagt Tina,
„hast du den lieben Gott gefunden?"
„Ich weiß nicht", sagt Tino.
„Aber morgen gehe ich ihn
wieder suchen."

TINO BEMÜHT SICH

Tino klebt Buntpapier
auf Zündholzschachteln.
Tino baut eine Stadt
aus Zündholzschachteln.

Die Häuser stehen genau in Reihen,
und vor jedem Haus
steht ein Korkenbaum
mit rosagetupfter Wattekrone,
ein Blütenbaum.
Tino bemüht sich sehr,
eine schöne Stadt zu bauen.
Er legt seinen blauen Schal
als Fluß um die Stadt.
In dem Fluß
schwimmen kleine Papierschwäne.
„Tina, schau!" sagt Tino.
„Soll das etwas Besonderes sein?"
fragt Tina.

„Meine Stadt", sagt Tino.
„Willst du nicht mitspielen?"

„Ich habe keine Lust", sagt Tina.

Tino kränkt sich.
Tino ärgert sich.
Tino wird furchtbar zornig.
Er nimmt den Schal
und fegt die Papierschwäne
nach allen Seiten.
Er zertritt
die Zündholzschachtelhäuser.
Er zerstampft die Watteblütenbäume.

Tina kommt gelaufen.
„Was machst du da?" fragt Tina.
„Darf ich mittun?"

TINO SCHAUT WEG

Tino sieht einen alten Mann
über die Straße gehen.
Der Mann stützt sich auf Krücken
und schleift die Beine nach.
Die Beine sind steif
wie bei Tinos hölzernem Kasperl.
Der Mann geht ganz langsam.
Manchmal bleibt er stehen
und atmet tief.
Sein Kopf steckt
zwischen den Schultern,
sein Gesicht ist rot vor Anstrengung.
Tino schaut weg.
Er kann nicht mitanschauen,
wie schwer dem Mann
das Gehen fällt.

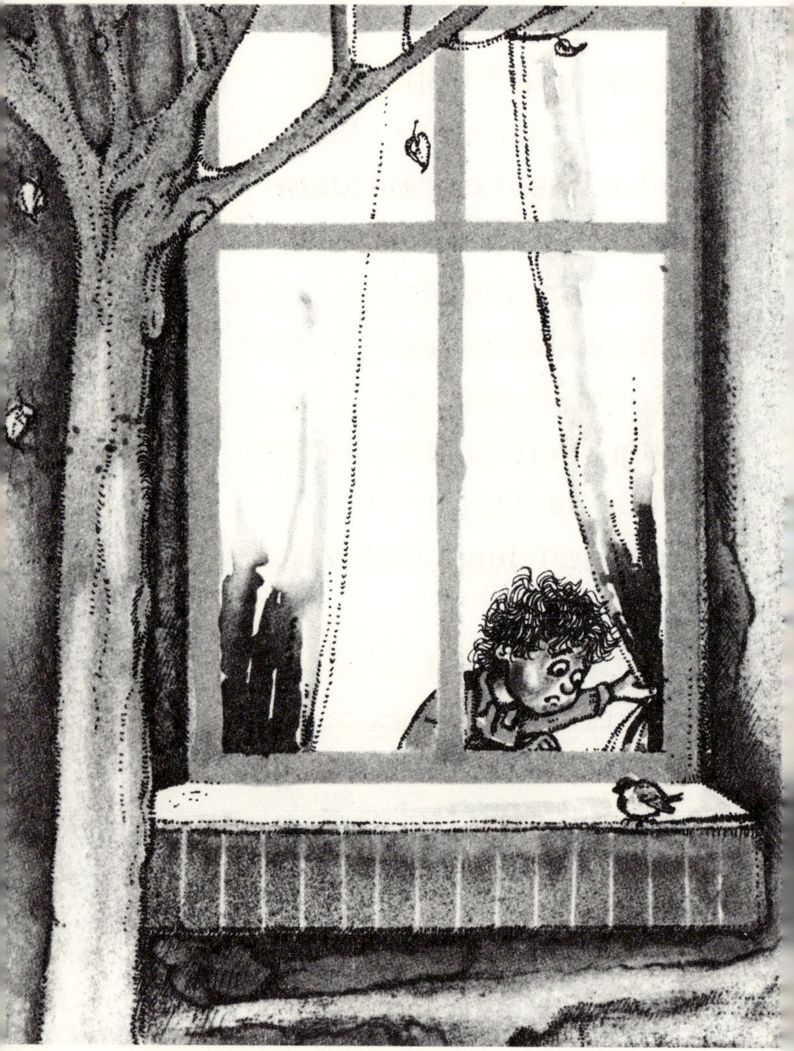

Tino sieht einen Spatzen
auf dem Fensterbrett hocken.
Draußen weht der Herbstwind.
Der Spatz plustert sich auf.
Er ist eine Federkugel,
die in der Kälte bebt.
Tino schaut weg.
Er kann nicht mitanschauen,
wie der Spatz
sich gegen den kalten Wind wehrt.

„Dauernd muß ich wegschauen",
denkt Tino.
„Wenn ich immer wegschauen muß,
werde ich schwindlig.
Überall geschehen traurige Dinge.
Ich kann gar nicht genug
wegschauen."

Tino schließt die Augen.
Im Dunkeln fällt ihm etwas ein.
Wenn Tino den alten Mann
wieder vorüberhumpeln sieht,
wird er fragen:
„Tut es sehr weh?"
Wenn Tino den Spatzen
auf dem Fensterbrett sieht,
wird er ihm ein paar Brösel streuen.
Denn Essen im Bauch hält warm.

TINO TUT DER GARTEN LEID

Tino schaut in den Garten hinaus.
Der Garten ist novembernebelgrau.
Der Garten ist regentropfengrau.
Der Garten ist graugrau,
und das ist das allertraurigste Grau.
Die Bäume sind kahl.
Die Sträucher sind kahl.
Die Wege hat der Besen leergefegt.
Den Himmel hinter den Bäumen
hat der Wind leergefegt.
Kein Wolkenrosa,
kein Nachmittagsblau,
kein Blättergelb —
nicht der kleinste Farbtupfen
ist im Garten zu sehen.
„Armer Garten", denkt Tino.

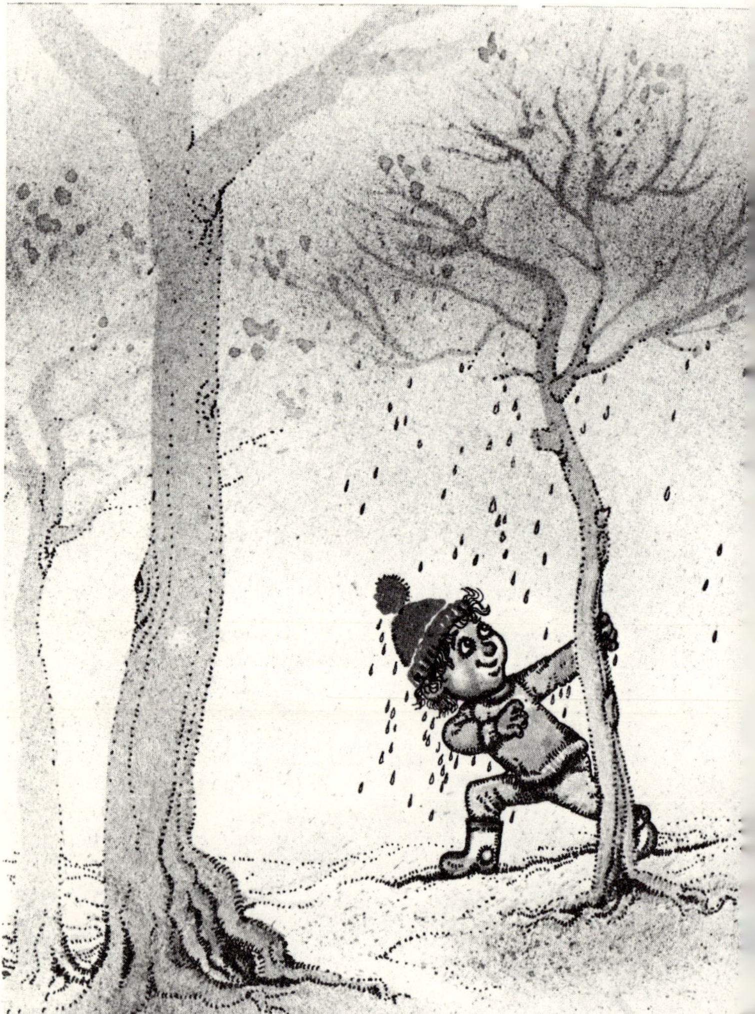

Tino setzt seine rote Mütze auf.
Er rennt in den Garten hinaus.
Er rennt über die leergefegten Wege,
er springt über die Beete.
Er läuft dreimal um jeden Baum.
Die Regentropfen schlagen ihm
ins Gesicht.
Seine Mütze wird naß.
Sein Pullover wird naß.
Tino wird von oben bis unten naß.
Aber der Garten hat jetzt
einen feuerroten Mützenfarbklecks.

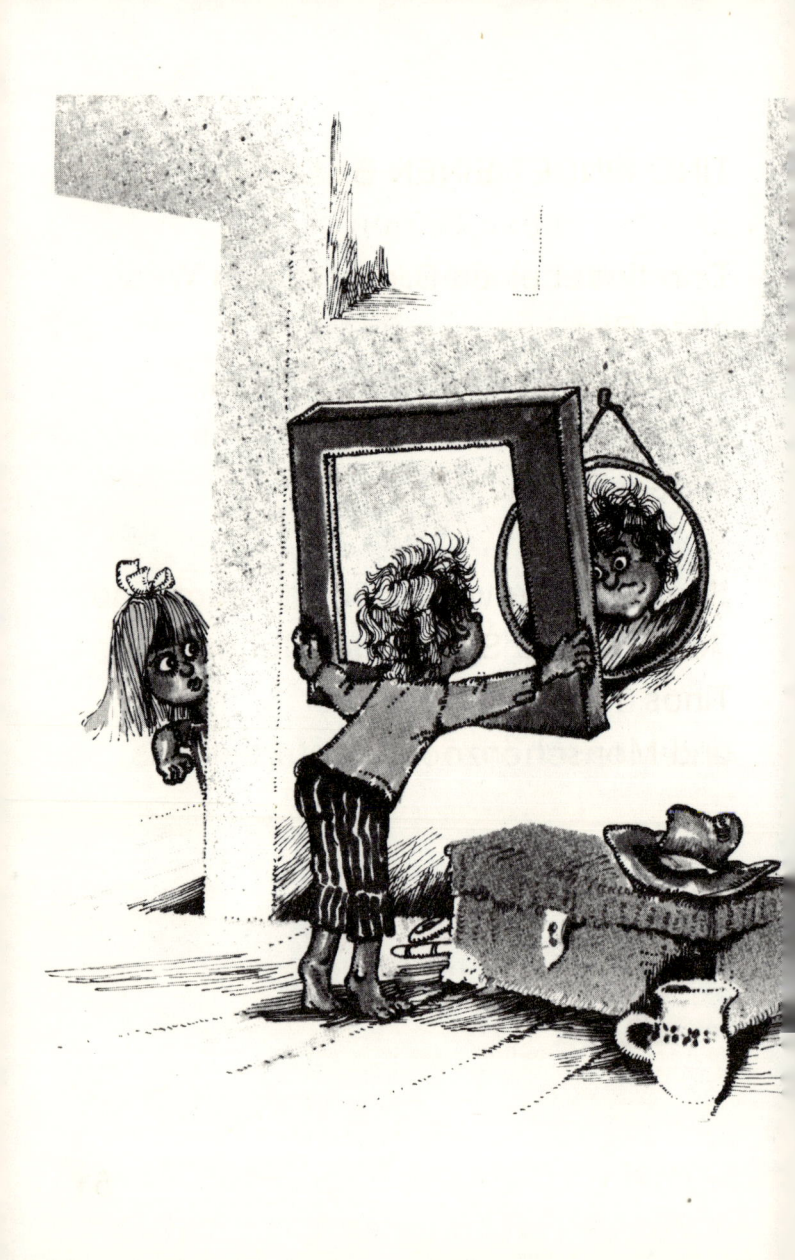

TINO FINDET EINEN BILDERRAHMEN

Tino findet einen Bilderrahmen
ohne Bild.
Tino stellt sich vor den Spiegel.
Er hält den Bilderrahmen
vor sein Gesicht.

„Meine Damen und Herren", sagt Tino.
„Ich begrüße Sie bei der Sendung:
Tinos Tier-, Blumen-
und Menschenzoo."

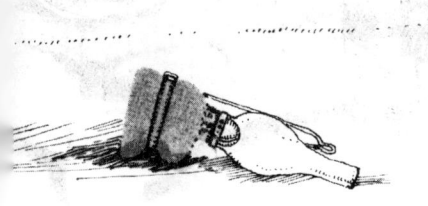

„Tino!" ruft Tina, „schnell,
gleich beginnt das Fernsehen!"

„Laß mich", sagt Tino.
„Für sowas habe ich keine Zeit!"

TINO UND DER NIKOLO

„Du bist der brave Tino",
sagt der Nikolo.
„Nein", sagt Tino.
„Ich bin nicht brav."
„Warum denn nicht?"
fragt der Nikolo.
„Weil es nicht lustig ist",
sagt Tino.
„Was ist denn lustig?"
fragt der Nikolo.

„Im Dreck herumhüpfen", sagt Tino.
„Sich nicht waschen.
Türen zuknallen.
Mit schmutzigen Schuhen
in die Küche gehen.

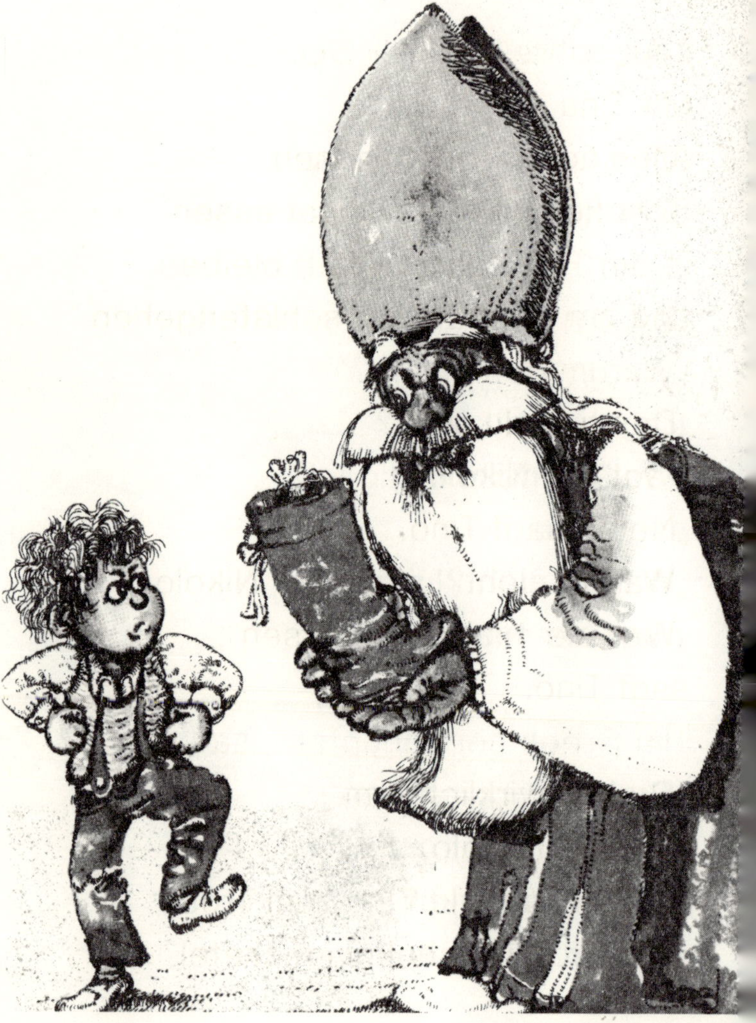

Laut schreien.
Mit Tina streiten.
Alles herumliegen lassen.
Schokolade statt Spinat essen.
In der Früh lang im Bett bleiben
und am Abend nicht schlafengehen."

„Das tust du alles?"
fragt der Nikolo.
„Nein", sagt Tino.
„Warum nicht?" fragt der Nikolo.
„Weil sie mich nicht lassen",
sagt Tino.

„Du bist wirklich arm",
sagt der Nikolo.
Und er schenkt Tino zum Trost
einen roten Schokoladestiefel.

TINO UND DAS TELEFON

Tino geht zum Telefon.
Er hebt den Hörer ab.

„Grüß dich Gott", sagt Tino.
„Stell dir vor:
Tina hat mich gestern nur geärgert.
Das Zeichenblatt
hat sie mir weggezogen.
Den Radiergummi
hat sie mir versteckt.
Auf meine schöne gelbe Sonne
hat sie grüne Schnecken gemalt.
Sie hat mich gezwickt und geboxt.
Aber ich, ich habe kein einziges Mal
zurückgeschlagen.
Wie bitte?

Du meinst,
ich hätte ihr meinen Kugelschreiber
ruhig einmal borgen können?
Aber er ist doch ganz neu!
Wenn sie ihn kaputtmacht...
Du meinst, von einmal herborgen
wird der Kugelschreiber
schon nicht kaputt?

Na gut, das nächste Mal
soll sie ihn haben!
Also dann grüß dich Gott!"
Tino legt den Hörer auf.

Tina fragt:
„Mit wem hast du telefoniert, Tino?"
„Mit dem lieben Gott", sagt Tino.
„Aber Tino!" sagt Tina.
„Dazu brauchst du doch kein Telefon.
Der liebe Gott hört dich auch so!"
„Das weiß ich", sagt Tino.
„Aber so geht es leichter!"

CLUB-TASCHENBUCHREIHE
Die neue Taschenbuchreihe für Kinder

Band 1
Wahlstedt, Viola
ANNA UND SUSANNA HINTERM LADENTISCH

Die Geschwister Anna und Susanna dürfen im Kaufmannsladen die Geschäftsfrau vertreten. Doch als zwei wilde Gestalten auftauchen, wird ihnen unheimlich zumute.

Band 5
Wölfflin, Kurt
DIE KLEINE PRINZESSIN

Die kleine Prinzessin ist unzufrieden. Sie möchte einen Garten, in dem immer die Rosen blühen.

Band 6
Lobe, Mira
TAPPS (3. Auflage)

Tapps ist ein kleines Hundebaby, das die Geschwister Fredi und Hedi beim Versteckenspielen im Park entdecken.

Band 15/16
Kaufmann, Herbert
DER TEUFEL TANZT IM JU-JU-BUSCH

Der Sohn des britischen Gouverneurs wird in den afrikanischen Busch entführt.

Band 20
Tanikawa, Shuntaró
KEN IM GLÜCK
(Schreibschrift)

Ken, ein vergnügter kleiner Bub aus Japan, ergeht es mit seinen Tauschgeschäften wie dem „Hans im Glück".

Band 23
Wahlstedt, Viola
**ANNA UND SUSANNA
GANZ ALLEIN UNTERWEGS**

Ein großer Spaß ist es für Anna und Susanna, ganz allein ihre Großmutter zu besuchen. Und spannend ist es, denn sie haben eine Schachtel mit besonderem Inhalt bei sich.

Band 24
Thorvall, Kerstin
GUNNAR SCHIESST EIN TOR

Gunnar fühlt sich neben seinen beiden größeren Brüdern manchmal allein gelassen. Aber das ändert sich, als seine Mutter ihm einen Fußball schenkt ...

Band 25
Heuck, Sigrid
DER KLEINE COWBOY IM WILDEN WESTEN
(Auslieferung Herbst 1984)

Jim war zusammen mit seinem Pony Mister Tramp der berühmteste Cowboy, der damals im Wilden Westen gelebt hat.

Band 26
Matthis, Kjersti
Löfgren, Ulf
TUT-TUT TRARA HALLO

Nur mit wenigen Worten und vielen Bildern werden Geschichten über Autos erzählt und dabei der Wortschatz der Kinder Schritt für Schritt erweitert.
Das richtige Buch für Leseanfänger.

Band 27
Taylor, Theodore
HILFE

Ein Junge und ein alter Neger können sich von einem torpedierten Schiff auf ein Floß retten. Ein dramatischer Überlebenskampf beginnt...

Band 32
Proysen, Alf
FRAU PEPPERPOTT BRINGT SCHWUNG INS HAUS

Dieser Band erzählt weitere Situationen der merkwürdigen Frau Pepperpott.

Band 33
Hofbauer, Friedl
DAS SPATZENBALLETT

Geschichten zum Lachen und Wundern, Reime zum Singen und Sprachbasteln — ein lustiges Buch zum Vorlesen und für Kinder, die gerade lesen lernen.

Band 34
Freud, Clement
GRIMPEL

Grimpel ist ganz allein zu Hause und könnte machen, was er will. Seine Eltern sind verreist, und er findet überall im Haus versteckt komische Briefchen von ihnen.

Band 37
Fuchs, Ursula
DER KLEINE GRÜNE DRACHE

Bist du schon einmal einem Drachen begegnet? Einem kleinen grünen, der morgens bei dir auf dem Dach sitzt? So ein Glück hat Morris gehabt. Der Drache sitzt am Morgen auf dem roten Dach und will bei Morris bleiben. Morris will das auch. Aber die Großmutter von Morris duldet nur nützliche Tiere im Haus...

Band 38
Welsh, Renate
DER ENKEL DES LÖWENJÄGERS

Nana will kein Krieger werden, denn er liebt die Tiere seines Landes und möchte sie pflegen. Aber man will ihn nicht in die Stadt ziehen lassen ...

Band 39
Iversen, Kjeld
PONY, DAS KLEINE PFERD

Pony erlebt eine ganze Menge in der weiten Welt, und nicht alles davon ist lustig. Trotzdem verliert es seinen Humor nicht.

Band 40
Mosel, Arlene
DIE KLEINE LACHFRAU

Als einer kleinen Frau aus Japan ein Reisknödel in eine Erdspalte fällt, gerät sie in eine seltsame unterirdische Welt ...

Band 41
Mayer-Skumanz, Lene
DER HIMMELBLAUE KARPFEN

Der himmelblaue Karpfen gehört Mikiko, und der stiftet an einem Feiertag eine ganz unfeierliche Verwirrung.

Band 42
Domenego, Hans
UNSERE ZWEI OSTERHASEN

Osterhasen — gibt es denn die? Andreas glaubt nicht recht daran und doch sieht er sie jeden Tag, wie sie sich ums Haus herumtreiben ...

Band 43/44
Townsend, John Rowe
DER PIRATENSCHATZ
Mit einer alten Seeräuberkarte und einem selbstgezimmerten Floß geht Kitty auf eine spannende Schatzsuche.

Band 45
Jansson, Tove
GESCHICHTEN VON DEN MUMINS
Eine Auswahl aus Tove Janssons Muminbüchern, die in alle Weltsprachen übersetzt worden sind. Sie gehören zum Besten der modernen Kinderliteratur.

Band 46, NEU
Rosegger, Peter
PETER DER WALDBAUERNBUB
Peter Rosegger erzählt lustig und spannend, wie aufregend das Leben in der Waldheimat sein konnte, als es noch kein Auto, ja nicht einmal ein Fahrrad gab ...

Band 47, NEU
Scholz, Friedrich
DER RATTENFÄNGER
38 Sagen vom Neusiedler See bis zum Bodensee werden hier in einer Neubearbeitung geboten, die sich bemüht, den schlichten, volkstümlichen Erzählton zu treffen.

OBELISK VERLAG, INNSBRUCK
VERLAG ST. GABRIEL, MÖDLING

CLUB

TASCHENBUCHREIHE

Die
neue
Taschenbuchreihe
für
Kinder